まちたんけんの とき 地しんが きたら

- 大人の ちゅういを よく 聞く。
- 学校や 広い 場しょに にげる。
- 海の 近くに いる ときは できるだけ 高い 場しょに にげる。
- ブロックべいから はなれる。
- 切れたり たれ下がったり した 電線に さわらない。

手あらい うがいを する

- 生きものや しょくぶつを さわった 後は 手を あらう。
- 外から 帰ったら 手を あらって うがいを する。

人の じゃまに ならないように する

- 道は よこに 広がって 歩かない。
- 大声を 出さないように 気を つける。
- ふざけながら 歩かない。
- めいわくを かけたら あやまる。

あいさつを きちんと する

- まずは「こんにちは」と あいさつを する。
- 「わたしたちは ○○小学校の ○年生です。生活科の じゅぎょうで まちを たんけんして います」と もくてきを つたえる。
- 「お話を うかがっても いいですか?」と あいての つごうを 聞く。
- さいごは「ありがとうございました」と おれいを 言う。

みんなで きょう力を する

- 一人で かってに ほかの 場しょへ 行かない。
- より道を しない。
- こまった ことが あったら 友だちや 大人に 言う。
- グループから はなれて しまった 友だちが いたら 声を かける。

どきどき
わくわく
まちたんけん
花のお店・本のお店・
クリーニング店ほか
若手三喜雄／監修

監修のことば

2年生になると、みなさんは生活科でまちたんけんにでかけますね。この授業のねらいは、大きく5つあります。

- まちのじまんできるところや、すてきな人をたくさん見つけること
- まちにあるしぜんやお店、施設、くらしている人が、自分の生活とどう関わっているのか知ること
- まちの人にたくさん話しかけて、人とのつながりを大切にすること
- 道路などのきけんな場しょで、安全な行動がとれるようになること
- まちに住むひとりとして、自分に何ができるか考えること

「どきどき　わくわく　まちたんけん」のシリーズは全5巻です。
『公園・はたけ・田んぼ ほか』では、身のまわりの自然がある場所をたんけんします。
『わがしのお店・パンのお店・コンビニエンスストア ほか』と『花のお店・本のお店・クリーニング店 ほか』では、まちにあるお店に出かけます。
『図書かん・公みんかん・じどうかん ほか』と『交番・えき・しょうぼうしょ ほか』では、施設に行ってまちを支える仕組みに気づきます。

ひとりの力で見つけられるものにはかぎりがありますが、友だちと力を合わせれば、たくさんの発見ができます。このシリーズに登場する4人組のたんけんたいが気づいたことや、発表の仕方などを参考にしてみてください。

まちたんけんの授業が終わったあとも、人とのつながりをずっと大切にしていければ、あなたの住むまちが居心地のよい“心のふるさと”になることでしょう。

若手三喜雄

計画(けいかく)を立(た)てよう!

みんなの おすすめの
ところに 行(い)って
みたい！

まちたんけんカード

たんけんたいの 名前
みぢかなお店たんけんたい

たんけん する日　5月　10日　水 曜日

しゅっぱつする 時こく 10時 00分　→　帰ってくる 時こく 11 時 10 分
ぜったいに まもる

たんけんたいの やくわり

リーダー（南 あかり）
ふくリーダー（北見 まな）
時計がかり（西田 こうた）
カメラがかり（東 かずき）

行きたい 場しょ

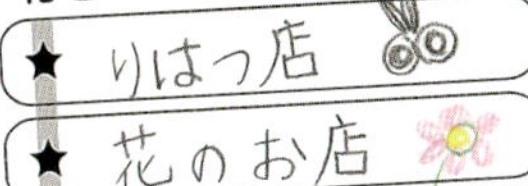

★ りはつ店
★ 花のお店
★ 本のお店
★
★

もちもの
水とう
かくもの
ぼうはんブザーやふえ
時計（こうたくん）
カメラ（かずきくん）

たんけんたいの やくそく
お店のおきゃくさんやお店の人のじゃまをしない。
グループからはなれない。
よこに広がって歩かない。

こまった ことが あったら 大人に たのんで 学校に 電話しよう。　金星小学校：○○-○○○○-○○

まちたんけんカード

たんけんたいの 名前
みぢかなお店たんけんたい

たんけん する日　5月　11日　木 曜日

しゅっぱつする 時こく 10時 00分　→　帰ってくる 時こく 11 時 10分
ぜったいに まもる

たんけんたいの やくわり

リーダー（南あかり）
ふくリーダー（北見まな）
時計がかり（西田こうた）
カメラがかり（東 かずき）

行きたい 場しょ
★ やっきょく
★ クリーニング店
★
★
★

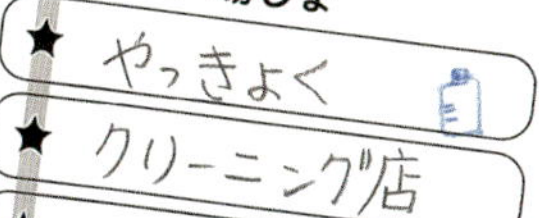

もちもの
水とう
かくもの
ぼうはんブザーやふえ
時計（こうたくん）
カメラ（かずきくん）

たんけんたいの やくそく
お店のおきゃくさんやお店の人のじゃまをしない。
グループからはなれない。よこに広がって歩かない。

こまった ことが あったら 大人に たのんで 学校に 電話しよう。　金星小学校：○○-○○○○-○○○○

西田(にしだ)こうた

どこに 行(い)く？

お店(みせ)に おきゃくさんが
いたら どうしたら
いいかしら？

東(ひがし)かずき

何(なに)に 気(き)を
つける？

できた！ わたしたちの まちたんけんカード。

くるくる 回る
かんばんが
おもしろいんだよ！

きれいな 花が
いっぱい あるのよ。

お父さんが よく 行くんだ。
新しい 本が 買えるんだって。

くすりを もらいに
行った ことが あるよ！

ふくの しみを とって
くれたんだ。
クリーニングの しごとを
見て みたいな。

たんけんに しゅっぱつだ！

りはつ店

まどが ぴかぴか。
花も うえられて いるよ。

くるくる 回る
かんばんが ある！

あの いすに
おきゃくさんが
すわるのね。
はさみが
たくさん
あるよ。

りはつ店は かみの毛を
切る ところ。つかいこまれた
いすや 道ぐが あったよ。
しごとの ことを 聞いて みよう！

かみを 切るのは
むずかしいですか？

さいしょは むずかしかったよ。
道ぐを うまく
つかいこなせなかったんだ。
長年 がんばって いる うちに
いつの間にか 道ぐが
体の 一ぶのように なって いたよ。
40年間 ずっと この まちの 人の かみを
切って きたんだ。

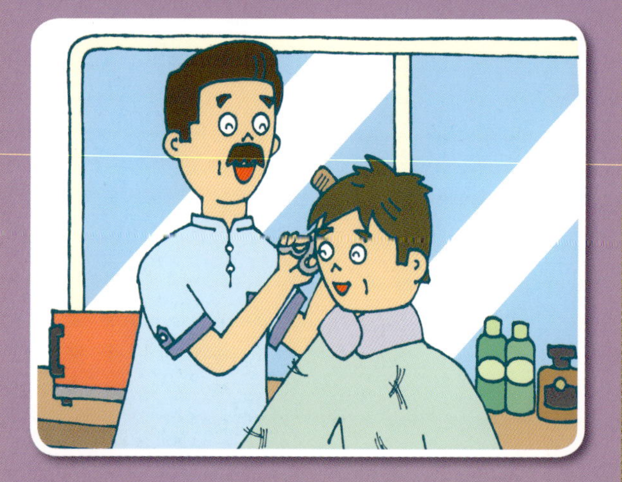

40年も この まちで
しごとを して いるのね。
すごいわ！

かみの毛を 切る
はさみは とくべつな
はさみですか？

そうだよ。1本だけじゃ なくて
いろいろな しゅるいが あって
つかい分けるんだ。
「すきばさみ」は はが
くしのように なって いて
かみの毛の りょうを へらす ときに つかうよ。

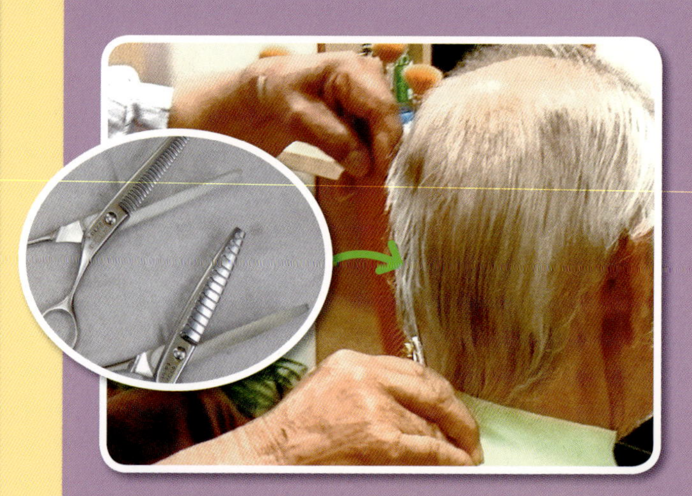

とっても
よく 切れるんだって！

りはつ店と びよういん

りはつ店

しごとを するのは
「りようし」 さん。
かみの毛を はさみで
切ったり
バリカンで かったり する。
ひげも そって くれる。

びよういん

しごとを するのは
「びようし」 さん。
パーマを かけたり
けしょうを したり
かみの 色を かえたり
かみを ゆったり
して くれる。

たんけんに
しゅっぱつだ！

花のお店

花の くきを
切って いるわ。

うえ木ばちの
しょくぶつも
売って いるんだね。

リボンや
きれいな 紙(かみ)が
たくさん ある。
どうして ガラスの
ケースに 花(はな)を
入(い)れて いるん
だろう？

花を買うのはどんなとき？

たん生日

おたん生日
おめでとう！

わたしは カードも
いっしょに
つけたの。

たん生日を むかえた 人に
「おめでとう！」の 気もちを
こめて 花を おくるよ。

母の日

「お母さん いつも ありがとう」の
気もちを こめて 花を おくるよ。
カーネーションが 人気だね。

はっぴょう会

ピアノや バレエなどの
はっぴょう会に「がんばったね。
よく できたよ」の 気もちを
こめて 花を プレゼント。

おはかまいり

なくなった ご先ぞさまに
花を ささげて しあわせを いのるよ。

お見まい

びょう気で 入いんを して いる 人に
「早く よく なってね」と いう
気もちを こめて 花を おくるよ。

※感染管理上の理由で見舞いの花を断っている病院もあります。

花のお店のひみつ

花を 買った 人や もらった 人に
よろこんで もらう ために
花の お店は どんな くふうを
して いるのかな。

くきを 切って いたのは
花を 長もちさせる
ためなのね。

水あげ

市場から とどいた 花を
はこから 出して くきを 切る。
そう すると 花は 元気に
水を すう ことが できる。

花の お店は 冬も ドアが
あいて いるよね。水を
さわって つめたいだろうな。

水かえ

花を 生けて ある 水を きれいな
水に かえる。きたない 水に
入って いると 花が しおれて しまう。

お見まいには かおりが
強くない 花が いいんだって。
元気な ときは いい かおりでも
体が 弱って いると
気分を わるく する ことが
あるみたいだよ。

花を えらぶ

おきゃくさんに
「どなたに おくる 花ですか？」
「どんな 色が いいですか？」などと
聞いて 花を えらぶ。

上手に つくれるように
いつも れんしゅうして
いるんだって。

ブーケを つくる

すてきな 花たばを つくって
花に 合わせて 紙や リボンも えらぶ。
出た ごみは すぐに かたづけて
お店を きれいに して おく。

たんけんに しゅっぱつだ！

本（ほん）のお店（みせ）

お店（みせ）の 前（まえ）にも
本（ほん）が おいて あるね。
店（てん）いんさんが
本（ほん）の ほこりを
とって いるよ。

あいうえお かるた
おもしろそうな
本が たくさん
あるわ。
おきゃくさんが
買った 本に
カバーを かけて
いるね。
お店の うらには
本が たくさん！
これから お店に
ならべるのかな？

聞いて みよう

よく 行く 本の お店にも
知らない ことが たくさん。
「あれ？」と 思った ことを
店いんさんに 聞いて みよう。

どうして エプロンを
して いるんですか？

はこや だんボールから
本を 出す ときなど よごれる
ことが あるからです。
ポケットも べんりなんですよ。
メモちょうや ボールペン
カッターなど しごとに つかう ものを
入れて います。

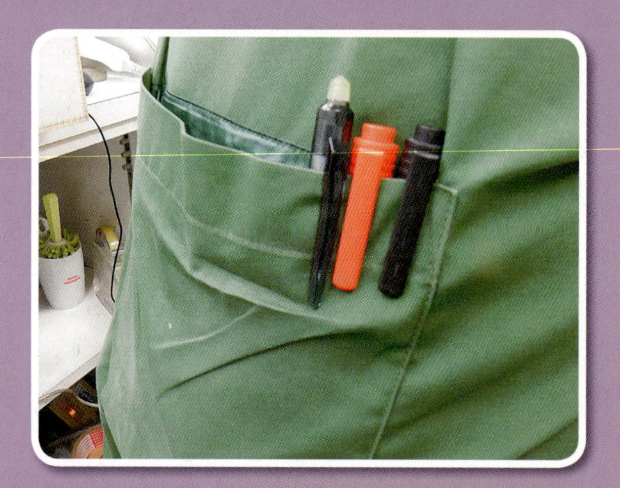

エプロンを して いると
だれが 店いんさんか
分かりやすいわ。

ブックカバーを
かけるのが はやくて
とても きれいですね。
どうしてですか？

はやく きれいに かける
れんしゅうを したよ。
うちでは 先に ブックカバーに
する 紙を 本の サイズに 合わせて
たくさん おって ためて おく
くふうも して いるんだ。
さい近は「紙が もったいないから
ブックカバーは いらないです」と
いう おきゃくさんも ふえて いるよ。

ぼくの お母さんは
手づくりの カバーを
つかって いるよ。

本の お店には おきゃくさんに 本を
買って もらう ための くふうが
あったよ。みんなの まちの
本の お店でも さがして みてね。

本の ならべ方

本だなは「子どもの 本」や「音楽の 本」など
しゅるいべつに なって いたり
作しゃの 名前で「五十音じゅん」に なって
いたり する。新しく 出た 本や おすすめの 本は
目立つ ところに たくさん つんで ある。

「子どもの 本」の
コーナーも「お話」や
「絵本」「べん強の 本」
などに 分かれて いるよね。

本の お店に 入って
すぐの 場しょは
とくに 目立つよね。

本を さがす ための きかい

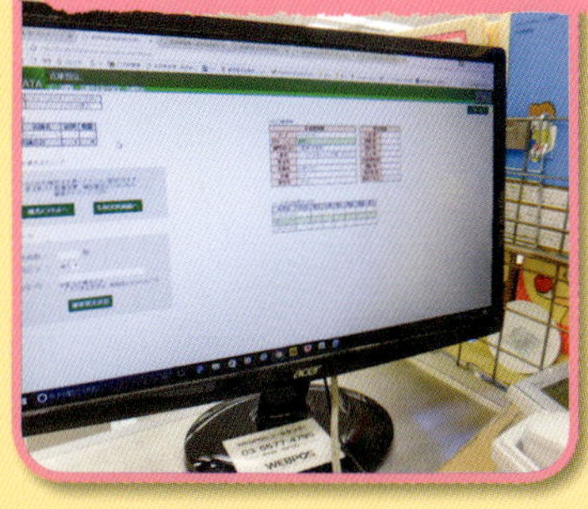

ほしい 本の
タイトルや 作しゃの
名前を うちこむと
その 本が お店に
あるか しらべられる。

本が お店に ない ときは
ちゅうもんを すれば
とりよせて くれるんだって。

本を しょうかいする「ポップ」

ポップは 本の
しょうかいカード。
店いんさんが
つくって お店に
かざって いる。

おきゃくさんが その 本を
読みたく なるように
文字の 色や 文しょうを
考えて いるんだって。

たんけんに
しゅっぱつだ！
やっきょく
カゼ
おくすり
手帳
かんぽう
店いんさんは
おいしゃさん
なのかな？
白いを きて いるよ。
マスクや
ばんそうこうも
売って いるみたい。

あの たなは
くすりの たなかな？
びんや はこが
ぎっしりだ！
上から 入れた
くすりが 下から
ふくろに 入って
出て きた！

くすりをつかうのはどんなとき？

けがを した とき

ころんで 足を すりむいた
ときに くすりを ぬったよ。
ぬりぐすりは 虫に
さされた ときも つかうね。

かぜを ひいた とき

かぜを ひいて のどが いたい ときや
はな水が 出る ときも くすりを のむわ。
ねつが 出た ときも くすりを のんで
ねて いたら 下がったの。

かたが いたい とき

お父さんは かたが いたくて
しっぷを はって いたよ。
あれも くすりなんだって。

目が かゆい とき

花ふんしょうで 目が かゆい ときに
目ぐすりを つかったよ。
すーっと して 気もちよかった。

やっきょくでは ふしぎに 思う ことが
たくさん あったよ。
店いんさんの しごとや くすりを 見て
気に なった ことを しらべて みたよ。

くすりの 記ろくに べんりな おくすり手ちょう

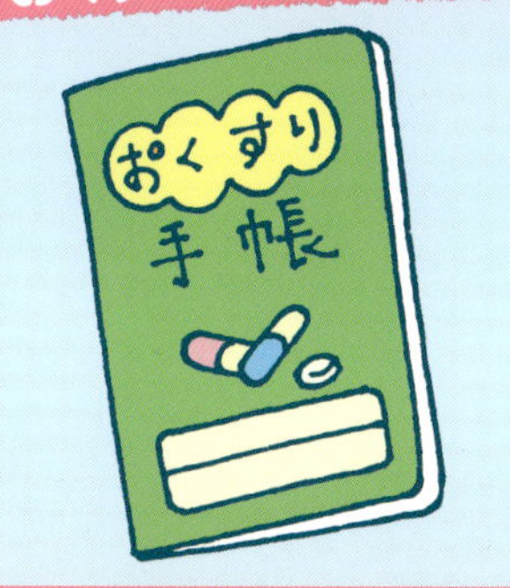

おいしゃさんみたいな 店いんさんは
くすりの せん門家の「やくざいし」さん。
やくざいしさんが くれた くすりは
おくすり手ちょうに 記ろくして おく。

おくすり手ちょうは
やっきょくで
もらえるんだって。

まちがえないように
するよ。

くすりを のむ りょうは きまって いる

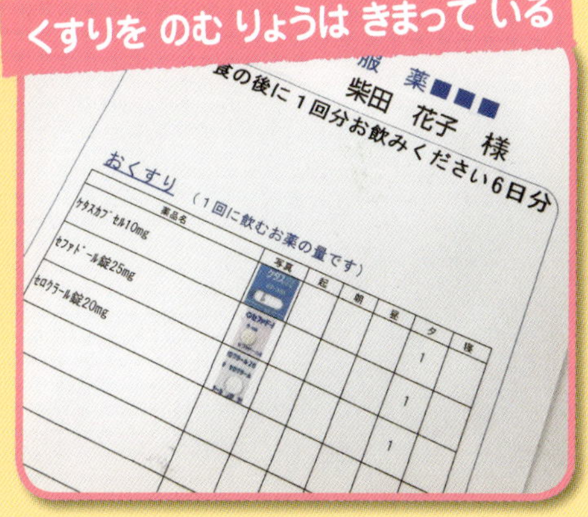

同じ くすりでも 大人と 子どもで
のむ りょうは ちがう。
くすりの ふくろや はこに
かいて あるので ちゅういする。

くすりの 形には いみが ある

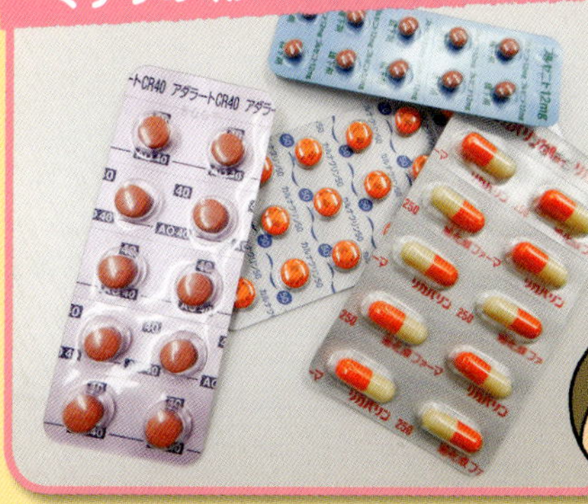

びょう気や しょうじょうに
合わせて つかいやすい 形に
して いる。つぶの くすりと
こなの くすりでは ききはじめる
時間が ちがう。

くすりは しゅるいの
ちがいが 見て すぐ
分かるように 色を
つけて いるんだって。

やくざいしさんは
くすりの のみ方も
教えて くれるのよ。

おいしゃさんが きめている くすり

びょういんへ 行くと おいしゃさんが
ひつような くすりを かいた
「しょほうせん」と いう 紙を くれる。
それを やくざいしさんに わたすと
しょほうせん通りの くすりを
売って くれる。

たんけんに
しゅっぱつだ！
クリーニング店
メニュー
ふくに 何か
紙が ついて いる。
どうしてかな？
ふくが たくさん
かかって いるわ。

アイロンだ。
ぼくの 家の
アイロンと
ちがうのかな？
この きかい
すごいな！
えりや そで口の
しわが きれいに
のびたよ。

聞いて みよう

おきゃくさんの 大切な ふくを
あずかる クリーニング店。
しごとを する とき どんな ことに
気を つけて いるのかな？

ふくを あらう ときに
気を つけて いる ことは
何ですか？

ふくは シルクや ウールなど
いろいろな 生地で できて います。
それを かくにんして
ふくを いためないように
あらうんですよ。

ボタンが とれて いないか
ポケットの 中に
何か ないか なども
チェックするんだって。

しごとを して
うれしい ことは
何ですか？

おきゃくさんに「ありがとう」と
言われると うれしいよ。
せんたくきで あらっても とれない
しみを クリーニングなら とる
ことが できるんだ。そう すると
とても よろこんで もらえるんだよ。

ぼくも セーターに
カレーの しみを
つけちゃって
とって もらったよ！

ふくには あらい方を
しめした 記ごうが ついて いるよ。
どんな 記ごうが あるかな。
家の ふくを 見て みよう！

クリーニング店は たくさんの ふくを あずかるけれど だれの ふくか 分からなく ならないのかな？ どう やって しみを とるのかも 知りたいよね！

タグを つける

クリーニング店は あずかった ふくに タグを つける。タグには 数字や 文字が かいて あって 見れば だれの ふくか 分かるように して ある。

ふくを 分ける

毛糸の セーターと 木めんの シャツは あらい方が ちがう。だから クリーニング店は あずかった ふくを ぜんぶ 見て 分けて あらって いる。

しみを とる

ふくに ついた しみは とくべつな くすりで とる。しょうゆや コーヒーなど しみの しゅるいに よって つかう くすりが ちがう。

ハンガーに かけたり ふくろに 入れたり する

しあげた せんたくものは たたんだり ハンガーに かけたり する。しあげの ふくろは せん用の きかいで かける。

見つけたよ！

お店でつかっていた道ぐ

たんけんした お店で 見つけた 道ぐを
しゅるいべつに 分けて みたよ。

切る 道ぐ

切り方に よって
つかい分けて いたよ。
ゆびあなに 親ゆびと
くすりゆびを
入れるんだって。

りはつ店の
はさみ

花を 切る ときに
「パチン」と いい 音が
したわ。

花の お店の はさみ

ひもを 切る ときに
つかって いたよ。
はが かこんで あって
あんぜんだね。

本の お店の カッター

そうじを する 道ぐ

本だなの ほこりを
はらって いたよ。

本の お店の はたき

おきゃくさんの ふくに
ついた 毛や ほこりを
はらって いたよ。

りはつ店の ほうき

ブーケを つくった
ときに 出た ごみを
すぐに かたづけて
いたわ。

花の お店の ほうき

つつむ 道ぐ

おり方を
教えて もらったよ。

本の お店の ブックカバー

花に 合わせて まいて
いたの。ブーケが
ますます すてきに
なったわ！

花の お店の
ラッピングペーパー

くすりを もらう 人の
名前が かいて あったよ。
ほかの 人の くすりを
まちがえて のまない ための
くふうだね。

やっきょくの ふくろ

すてきだね お店の人のたからもの

お店の 人は まちの 人たちに よろこんで もらう ために
一生けんめい はたらいて いたんだ。大切に して いる たからものを 見せて もらったよ。

りはつ店の「お店の いす」

お店を ひらいた ときから つかって いるんだ。
数えきれないくらい たくさんの おきゃくさんが
すわった いすなんだよ。小さかった 子が 大人に
なっても すわって くれるのが うれしいんだ！

本の お店の「本の しょうかいカード」

まちたんけんで 来た 子が かいて くれた 本の
しょうかいカードだよ。
「おもしろかった 本を ほかの 人にも
読んで もらいたい」と 言って かいて くれたんだ。

花の お店の「フェルトの 花」

おきゃくさんから もらった フェルトの 花です。
「いつも すてきな 花を ありがとう」って
プレゼントを して くれたんです。たいへんな
しごとだけれど やって いて よかったと 思いました。

やっきょくの「おり紙で おった 花の 手紙」

たからものは おり紙の 手紙よ。
花の おり紙の うらに「おくすりを ありがとう」って
かいて あったの。まちの 人の けんこうの ために
これからも がんばるわ。

クリーニング店の「アイロン」

これは ぼくの 父が つかって いた アイロンだよ。
今は もう 古くて つかえないけど
大切に とって あるんだ。これを 見て 父のように
アイロンがけを がんばろうと 思ったよ。

まちのお店ものがたり

クリーニング店には しみを
とる 道ぐや アイロンなど
たくさんの 道ぐが あります。
どれも 大切な 道ぐです。

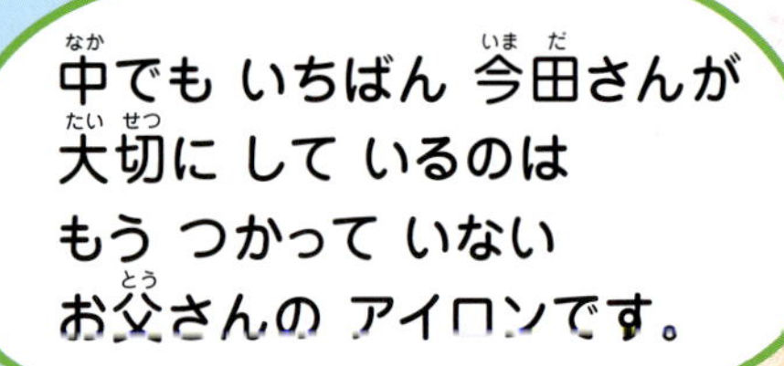

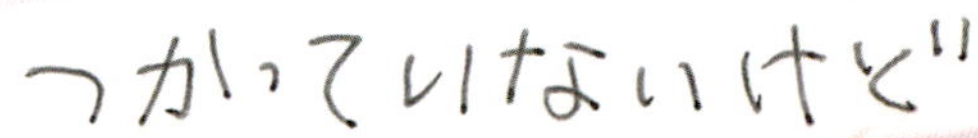

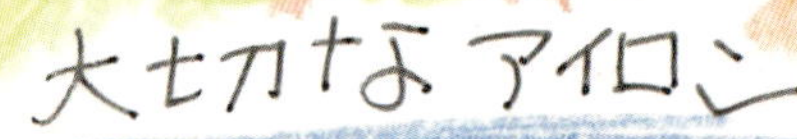

**たんけんに 行った とき お店の 人に 聞いた 話を
紙しばいに して みたよ。**

今田さんの お父さんは アイロンがけの 名人だったそうです。今田さんは しみぬき名人ですが アイロンがけは お父さんには まだ かなわないのだそうです。

お父さんの アイロンを 見ながら「ていねいに アイロンを かけて おきゃくさんに よろこんで もらいたい」と 言って いました。いろいろな 話を 聞かせて もらって ぼくは 今田さんと なかよく なりました。

りはつ店の いすものがたり

りはつ店の 原さんの
たからものは
とても 古い いすです。
長い 間 大切に
つかって います。

原さんは むかしから まちで
りはつ店の しごとを して います。
子どもだった おきゃくさんが
大人に なっても お店に 来て
すわって くれるのが
うれしいそうです。

お店では おきゃくさんが
いつも 楽しそうに 話して います。
原さんの りはつ店は
まちの 人の ふれ合いの 場に
なって いました。

原さんの たからものは
みんなの たからものでした。
みんなに とって
いごこちの いい お店が ある
この まちが もっと すきに
なりました。

監修／若手三喜雄

共栄大学教育学部教育学科教授
埼玉県生まれ。
川越市内の公立小学校から埼玉大学教育学部附属小学校、所沢市教育委員会、川越市教育委員会、埼玉県教育委員会、埼玉県川越市立仙波小学校校長等を経て現職。生活科の創設当初から様々な実践研究を行い、文部科学省関連の調査研究多数。『生活科の授業方法』（ぎょうせい）『学習のしつけ・生活のしつけ』（教育開発研究所）『新任教師のしごと 生活科 授業の基礎基本』（小学館）など著書多数。

写真
ピクスタ

協力
BOOKSルーエ
サザン調剤薬局

STAFF
イラスト●小野正統／たはらともみ
デザイン・DTP●田中小百合（osuzudesign）
校　正●鈴木喜志子
執筆・編集協力●金田妙
編　集●株式会社アルバ

参考文献
『あしたへ ジャンプ 新編 新しい生活－下』（東京書籍）

どきどき わくわく まちたんけん
花のお店・本のお店・クリーニング店 ほか

初版発行／2017年3月

監修／若手三喜雄

発行所／株式会社金の星社
〒111-0056 東京都台東区小島1-4-3
TEL 03-3861-1861（代表）
FAX 03-3861-1507
ホームページ http://www.kinnohoshi.co.jp
振替 00100-0-64678
印刷／広研印刷株式会社　製本／東京美術紙工

乱丁・落丁本は、ご面倒ですが小社販売部宛にご送付ください。
送料小社負担にてお取替えいたします。
©Masatou Ono,Tomomi Tahara,ARUBA inc., 2017
Published by KIN-NO-HOSHI SHA,Tokyo,Japan
NDC376　32ページ　26.6㎝　ISBN978-4-323-04233-6

JCOPY 出版者著作権管理機構 委託出版物
本書の無断複写は著作権法上での例外を除き禁じられています。複写される場合は、そのつど事前に、出版者著作権管理機構（電話 03-3513-6969 FAX 03-3513-6979、e-mail: info@jcopy.or.jp）の許諾を得てください。
※本書を代行業者等の第三者に依頼してスキャンやデジタル化することは、たとえ個人や家庭内での利用でも著作権法違反です。

シリーズ全5巻　小学校低学年向き
A4変型判　32ページ　図書館用堅牢製本　NDC376

おどろきいっぱいの まちに たんけんに 出かけよう！
この シリーズでは 4人組の たんけんたいが
みの まわりの しぜんが ある 場しょや お店や
しせつに 出かけて たくさんの はっけんを します。
あなたの すんで いる まちと くらべながら
いっしょに さがして みてください。

公園・はたけ・田んぼほか

公園　はたけ　田んぼ
かせんしき　じんじゃ

わがしのお店・パンのお店・コンビニエンスストアほか

わがしのお店　せいか店
パンのお店　コンビニエンスストア
スーパーマーケット

花のお店・本のお店・クリーニング店ほか

りはつ店　花のお店
本のお店　やっきょく
クリーニング店

図書かん・公みんかん・じどうかんほか

ようちえん・ほいくしょ
じどうかん　公みんかん
ゆうびんきょく　図書かん

交番・えき・しょうぼうしょほか

やくしょ　交番
えき　ろう人ホーム
しょうぼうしょ